Editor

Eric Migliaccio

Managing Editor

Ina Massler Levin, M.A.

Cover Artist

Marilyn Goldberg

Art Production Manager

Kevin Barnes

Imaging

James Edward Grace

Ricardo Martinez

Publisher

Mary D. Smith, M.S. Ed.

Heath Hough

Word Searches

Grades 3-4

Author

Michael H. Levin, M.A., N.B.C.T.

Teacher Created Resources, Inc.

6421 Industry Way

Westminster, CA 92683

www.teachercreated.com

ISBN: 978-1-4206-5995-5

©2006 Teacher Created Resources, Inc.

Reprinted, 2011

Made in U.S.A.

Table of Contents

Introduction

Kids and puzzles just seem to go together. Kids love to figure them out; and while they're using their positive brain energy, they are reinforcing many of the concepts we hope they will learn. In this series, we have concentrated on two of their favorites: crossword puzzles and word searches. They have been developed for the primary grades, where concentration and mental dexterity need constant practice.

You will find 52 word searches on the following pages that will delight your students on a variety of subjects. In the puzzles the words can be found in the following ways:

* horizontally
* vertically

* diagonally
* backwards in all three directions

Your students will enjoy finding the words, of course. However, they were designed to allow you to further use them in your course of study. For example, there are puzzles with the names of composers, artists, Newbery Award-winning titles, and inventions. These can aid you in your curriculum or be a starting point for oral and written reports. You might wish to assign each of your students the name of an invention. You can have them research the history and explain its importance to the class.

On page 41 you will find a puzzle listing types of music. How wonderful to have each student bring in a CD of a different kind and play it for the class. On page 23 there is a list of idioms. Why not have the students ask their parents for other examples of idioms and share them with the class? If you have many different home languages represented in your class, have your students share an idiom from their native tongue. How about "What Do You Put on Your Pizza?" on page 49? Would your students enjoy creating a story about a restaurant that sells the world's most unusual pizza topping?

We hope these puzzles provide hours of enjoyment for your class. We know you'll add some of your own ideas about how to use them. Have fun!

Animals A to Z

```
T  R  E  V  A  E  B  E  Z  E  B  R  A
H  I  K  L  C  R  O  C  O  D  I  L  E
M  I  B  G  R  O  J  A  Y  A  K  S  L
A  R  P  B  O  O  A  A  G  N  H  I  A
R  E  F  P  A  R  N  Y  G  I  A  O  G
M  R  A  F  O  R  A  N  G  U  T  A  N
O  U  F  R  A  P  C  N  Q  G  A  T  I
S  T  D  R  A  P  O  E  L  N  D  R  T
E  L  E  P  H  A  N  T  E  E  U  K  H
T  U  R  R  V  L  D  M  A  P  C  R  G
A  V  O  U  R  P  A  M  R  M  K  O  I
T  U  R  T  L  E  S  E  T  A  U  T  N
E  N  G  I  R  A  F  F  E  R  D  S  Y
V  E  B  W  O  L  F  A  N  A  U  G  I
```

ANACONDA	FERRET	PENGUIN
BEAVER	GIRAFFE	QUAIL
CROCODILE	HIPPOPOTAMUS	RABBIT
DUCK	IGUANA	STORK
ELEPHANT	JAGUAR	TURTLE
	KUDU	VULTURE
	LEOPARD	WOLF
	MARMOSET	YAK
	NIGHTINGALE	ZEBRA
	ORANGUTAN	

Automobile Terms

```
R  K  G  Z  K  W  L  M  H  R  T  C  Q  N  A
O  E  K  N  H  C  I  A  O  O  D  D  I  C  U
I  F  T  E  I  R  A  I  U  H  S  A  R  O  T
R  E  E  E  R  R  R  R  E  N  R  E  L  O  O
E  L  X  O  M  E  E  A  B  T  A  S  A  L  M
T  N  R  H  T  O  D  E  E  U  E  M  C  I  A
N  S  G  X  A  L  D  V  T  K  R  E  I  N  T
I  H  E  I  A  U  I  E  A  S  Z  E  R  G  I
Y  B  U  M  N  R  S  R  E  U  U  V  T  I  C
V  U  P  U  D  E  B  T  D  P  D  O  C  O  T
P  S  N  O  I  S  S  I  M  E  S  N  E  Z  R
N  O  I  S  S  I  M  S  N  A  R  T  L  D  L
S  E  A  T  B  E  L  T  S  O  R  F  E  D  E
X  Z  F  I  L  T  E  R  K  C  U  R  T  P  U
M  E  C  H  A  N  I  C  A  L  P  S  Y  R  F
```

AUTOMATIC	**EXHAUST**	**MIRRORS**
BRAKES	**EXTERIOR**	**SEAT BELTS**
CARBURETOR	**FILTER**	**SPEEDOMETER**
COOLING	**FUEL**	**STEERING**
DEFROST	**HEADLAMPS**	**TIRE**
DRIVETRAIN	**HOSE**	**TRANSMISSION**
ELECTRICAL	**INTERIOR**	**TRUCK**
EMISSION	**MANUAL**	**WHEEL**
ENGINE	**MECHANICAL**	

Breeds of Dogs

```
E B U L L D O G M M Y A K Y G E
S D E L G A E B H E K K R O E L
I C N D Z U G R K I U L L R N D
R H Y U A S P S T Q E D D K A O
F I G R O C U A U X E N K S D O
N H Z G Y H H Z Z N U J U H T P
O U H G V Z T S R O G Z G I A D
H A D R E H P E H S N A M R E G
C H U R I A T D S U L X A E R R
I U S H N R O N F S N X L T G O
B A S I I O W O T R A D T E B D
R C E E L C O L L I E B E R O A
I L V B R E Z U A N H C S R X R
N E P E K I N G E S E W E I E B
R P O S P A A S A H L A B E R A
W E I M A R A N E R M J D R R L
```

AKITA	**CORGI**	**PEKINGESE**
BASSET HOUND	**DACHSHUND**	**POODLE**
BEAGLE	**GERMAN SHEPHERD**	**PUG**
BICHON FRISE	**GOLDEN RETRIEVER**	**SCHNAUZER**
BLOODHOUND	**GREAT DANE**	**SHIHTZU**
BOXER	**HUSKEY**	**SPANIEL**
BULLDOG	**LABRADOR**	**WEIMARANER**
CHIHUAHUA	**LHASA APSO**	**YORKSHIRE TERRIER**
COLLIE	**MALTESE**	

Children's Authors

```
B   E   S   T   A   E   K   E   D   R   O   W   L
L   A   R   S   U   E   S   L   E   A   M   P   Y
U   E   O   L   E   G   N   L   W   R   H   O   G
M   E   W   N   P   S   P   E   E   M   U   L   B
P   O   L   I   T   A   S   T   C   I   V   A   M
U   I   I   E   S   S   T   S   A   R   C   C   O
M   O   N   T   G   O   M   E   R   Y   Y   C   T
U   R   G   C   P   N   E   T   R   P   P   O   W
A   R   E   D   L   O   W   I   O   S   H   I   H
B   A   M   U   L   B   I   D   L   R   O   N   I
L   C   S   S   U   E   S   S   L   E   R   N   T
U   L   M   E   L   E   W   I   L   D   E   R   E
```

Find the last names (underlined) of the 17 children's authors listed here.

AVI
L. Frank **BAUM**
Judy **BLUME**
Lewis **CARROLL**
Roald **DAHL**
Ezra Jack **KEATS**

C.S. **LEWIS**
A.A. **MILNE**
Lucy Maud **MONTGOMERY**
Katherine **PATERSON**
Patricia **POLACCO**
Beatrix **POTTER**
J.K. **ROWLING**
Dr. **SEUSS**
Johanna **SPYRI**
E.B. **WHITE**
Laura Ingalls **WILDER**

Compound Words

```
X S K T W W K Z H M E A E H E
E T U E U I E O K D E S N X D
V C N M C O M B I R A U T Z N
P M A K M E K W P B T R E U I
S R O L O E N C A A A C D N L
P F I W P O R T E C G L I B B
F U N N I T A T U H F E W R R
B E E T T D E R I C C A Y E O
R Z A K E O R K J M Q N T A L
Z N Q V A I U Z R A E U I K O
K A C Y C M G T U A H P C D C
F H O U R L O N G G M X Z O E
K H L S C H O O L R O O M W H
A A E D I S Y R T N U O C N S
R G E M B A K R O W R E P A P
```

Compounds are two words placed together to form a new word with it's own meaning. Find the compound words below in the puzzle.

BREAKDOWN	**EXTRACURRICULAR**	**NATIONWIDE**
CHECKOUT	**HOMEOWNER**	**PAPERWORK**
CITYWIDE	**HOURLONG**	**PRINTOUT**
CLEANUP	**KICKOFF**	**SCHOOLROOM**
COLORBLIND	**MAKEUP**	**SUMMERTIME**
COUNTRYSIDE	**MARKETPLACE**	
DATABASE		

Computer Terms A to Z

```
V P S N E T W O R K W X Q E Y
I M T A M R O F L O Z H L E K
R N O I T A C I L P P A V E W
T R W U A S A X J O Q I Y E S
U E P C S M C C T U R B B E D
A S I C E E A K E D O S A C A
L W X N Y W S U D A I R Y A O
M O E L T E E R R T C D Z P L
E R L I D E A D E H U T I S P
M B Y 2 K H R F E J D F P R U
O P E R A T I N G S Y S T E M
R L O G I N G F E K I G S B A
Y E M G Z I E L M T H X B Y V
B O D F N E T A L P M E T C A
R P Q E G I G A B Y T E B Q J
```

APPLICATION	JAVA	SEARCH ENGINE
BROWSER	KEYBOARD	TEMPLATE
CYBERSPACE	LOG IN	UPLOAD
DESKTOP	MOUSE	VIRTUAL MEMORY
EMAIL	NETWORK	WEBSITE
FORMAT	OPERATING SYSTEM	XHTML
GIGABYTE	PIXEL	Y2K
HARD DRIVE	QUEUE	ZIP
INTERNET	ROM	

Constellations

```
A  S  R  P  H  O  E  N  I  X  X  S  T
C  B  U  O  A  N  D  R  O  M  E  D  A
L  A  M  R  J  S  E  C  S  I  P  G  B
U  I  N  U  U  A  G  H  R  O  N  E  A
R  R  B  C  L  A  M  A  F  R  O  M  I
S  O  S  R  E  O  T  S  A  I  S  I  E
A  C  E  A  A  R  C  Q  I  O  U  N  P
M  W  R  L  M  P  U  H  H  N  S  I  O
I  S  U  I  R  A  T  T  I  G  A  S  I
N  H  Y  D  R  A  J  M  G  E  G  C  S
O  G  R  I  V  F  G  O  S  T  E  T  S
R  F  U  O  M  H  P  I  R  P  P  Z  A
W  S  U  E  H  P  E  C  C  Z  X  Z  C
```

Constellations are star formations in the night sky. Find the names of the constellations listed below.

ANDROMEDA	**COLUMBA**	**PHOENIX**
AQUARIUS	**GEMINI**	**PISCES**
ARIES	**HYDRA**	**SAGITTARIUS**
CANCER	**LEO**	**TAURUS**
CANIS MAJOR	**LIBRA**	**URSA MAJOR**
CASSIOPEIA	**ORION**	**URSA MINOR**
CEPHEUS	**PEGASUS**	**VIRGO**

European Painters

```
I  M  R  V  I  N  C  E  N  T  V  A  N  G  O  G  H
T  N  P  U  T  O  A  L  Z  P  H  W  K  V  S  D  D
E  I  A  L  G  F  Y  I  A  E  A  T  F  A  S  M  D
N  M  B  L  B  S  K  L  R  U  Q  U  H  S  I  I  G
A  A  L  G  I  Z  S  R  I  D  D  E  L  Z  D  K  U
M  R  O  T  P  G  N  O  C  V  N  E  O  K  O  F  X
D  C  P  Q  T  Q  I  Z  R  R  O  O  M  T  L  Q  D
R  C  I  S  S  W  D  D  I  I  G  Z  M  O  E  E  S
A  H  C  B  U  I  N  M  O  V  M  K  F  T  N  F  E
U  A  A  E  D  V  A  R  D  M  U  N  C  H  E  E  Z
O  G  S  R  L  T  K  O  E  T  O  N  A  N  X  I  T
D  A  S  X  I  H  Y  Y  V  Z  O  E  P  O  N  D  P
E  L  O  S  Q  Z  L  O  K  Y  F  X  D  T  J  Z  Y
K  L  S  E  T  T  I  R  G  A  M  E  N  E  R  M  P
A  E  Q  O  J  A  S  A  M  J  B  F  H  A  M  B  N
U  L  B  E  N  N  A  Z  E  C  L  U  A  P  V  A  E
U  X  R  P  A  E  V  E  D  G  A  R  D  E  G  A  S
```

Find the first and last names of these famous European painters in the puzzle.

AMEDEO MODIGILANI	**HENRI MATISSE**	**PAUL KLEE**
CLAUDE MONET	**JOAN MIRO**	**PIET MONDRIAN**
EDGAR DEGAS	**MARC CHAGALL**	**RENE MAGRITTE**
EDOUARD MANET	**PABLO PICASSO**	**VASILY KANDINSKY**
EDVARD MUNCH	**PAUL CEZANNE**	**VINCENT VAN GOGH**

Explorers 1000–1930

```
E P X F N O S D U H Y R N E H P P O
V I K R A P O N C E D E L E O N A T
A H Z A L E W I S A N D C L A R K O
S G C N L R T B L C A J O E J E S S
C I A C E Z O A C Q K P Y O Z E K E
O E B I G K M A E K O C H L T F K D
D L E S A W C I L C H N J R L A N O
E A Z C M J N A R D S F O K R B O D
B R A O D U O A M M A C I D J Q S N
A R D P N B M H I R O M S O Q X C A
L E E I A E Y T N D E I U P Y M I N
B T V Z N Z H A N C C D N N P J R R
O L A A I A H A J N A A N F D I E E
A A C R D H N F A F D B A A S S F H
A W A R R R N R H X F A O W X E E V
N V L O E W F Y A Q A M U T N E I N
J W T H F P J U A N C A B R I L L O
F R A N C I S C O C O R O N A D O A
```

Use this list to find the names of explorers in the puzzle. Circle the names.

ALEXANDER MACKENZIE	**HERNANDO CORTES**	**LIEF ERICSON**
CABEZA DE VACA	**HERNANDO DE SOTO**	**MARCO POLO**
FERDINAND MAGELLAN	**JOHN CABOT**	**PONCE DE LEON**
FRANCISCO CORONADO	**JOHN SMITH**	**ROALD AMUNDSEN**
FRANCISCO PIZZARO	**JUAN CABRILLO**	**VASCO DE BALBOA**
FRANCIS DRAKE	**LEWIS AND CLARK**	**WALTER RALEIGH**
HENRY HUDSON		

Extinct Animals

```
Z  B  L  Q  N  K  T  C  U  T  K  C  X  F  D
W  A  A  M  O  C  A  O  L  A  L  A  U  L  N
G  L  U  M  E  U  R  D  A  S  E  P  A  O  Z
R  I  G  Q  G  D  P  R  L  M  N  E  T  W  Q
E  T  H  B  I  D  A  P  O  A  R  L  A  D  B
E  I  I  S  P  E  N  D  W  N  E  I  E  E  H
D  G  N  Q  R  L  S  M  Q  I  T  O  R  R  J
T  E  G  L  E  L  M  Z  L  A  S  N  G  S  H
N  R  O  H  G  I  B  S  D  N  A  L  D  A  B
A  G  W  E  N  B  W  H  P  W  E  I  W  X  G
I  D  L  D  E  E  Q  I  S  O  I  L  Y  E  B
G  G  O  K  S  U  G  I  A  L  H  F  K  T  M
C  D  P  E  S  L  P  T  Y  F  Q  C  P  L  B
O  E  R  J  A  B  A  T  L  A  S  B  E  A  R
H  S  I  F  P  U  P  E  N  O  H  S  O  H  S
```

These animals no longer roam the land, swim in the sea, or fly in the skies. Find the extinct animals from the list below in the puzzle.

ATLAS BEAR

BADLANDS BIG HORN

BALI TIGER

BLUE-BILLED DUCK

CAPE LION

DODO

EASTERN ELK

GIANT DEER

GREAT AUX

LAUGHING OWL

PASSENGER PIGEON

SHOSHONE PUPFISH

TARPAN

TASMANIAN WOLF

TEXAS RED WOLF

Famous Classical Composers

```
M  U  S  S  U  A  R  T  S  H  I  C  H  N  D
A  O  L  T  N  C  A  R  C  L  O  Y  Y  I  S
H  N  Z  R  B  E  B  A  N  U  U  K  O  C  V
L  O  E  A  S  I  B  E  L  I  U  S  R  C  N
E  J  A  V  R  L  I  O  S  O  P  V  E  U  D
R  E  D  I  O  T  Z  S  I  S  L  O  L  P  Y
L  E  D  N  A  H  E  I  Z  M  A  K  H  U  A
R  P  O  S  L  T  T  L  T  H  W  I  N  C  H
P  R  O  K  O  F  I  E  V  A  N  A  C  C  A
I  L  L  Y  D  S  T  G  E  R  S  H  W  I  N
Z  O  M  O  Z  A  M  E  T  B  A  C  Y  N  H
A  C  U  T  R  E  B  U  H  C  S  T  R  I  N
```

Use the list below to find the last names of famous composers in the puzzle. Circle the names. (The information given in parentheses is not in the puzzle.)

(Franz) **LISZT**

(Franz) **SCHUBERT**

(Frederic) **CHOPIN**

(George Frideric) **HANDEL**

(George) **GERSHWIN**

(Georges) **BIZET**

(Giacomo) **PUCCINI**

(Gustav) **MAHLER**

(Igor) **STRAVINSKY**

(Jean) **SIBELIUS**

(Johannes) **BRAHMS**

(Johann Sebastian) **BACH**

(Joseph) **HAYDN**

(Ludwig van) **BEETHOVEN**

(Peter) **TCHAIKOVSKY**

(Richard) **STRAUSS**

(Sergei) **PROKOFIEV**

(Wolfgang Amadeus) **MOZART**

Famous Women

```
Z N M E F A M H O Y S A E E N A
Y O A L F C A E L O M M U G A L
N S R E A C H L L S A E G N M I
O K I A N U A E A H D L E A B C
H I A N M R N D I D I N L U E
T R N O I E G K O K A A I A T H
N D A R E N A E O O E E E T A
A I N R F N H L G U N A C H E M
B D D O A I T L E C A R L T I I
N E E O R W R E N H J H A O R L
A B R S M H A R A I U A R R R T
S A S E E A M Y J D L R K O A O
U B O V R R X S B A O T S D H N
S J N E S A L L Y R I D E T X A
I E O L F S K R A P A S O R O H
X D M T R A C H E L C A R S O N
```

Find the first and last names of these famous women in the puzzle.

ALICE HAMILTON	**HARRIET TUBMAN**	**ROSA PARKS**
AMELIA EARHART	**HELEN KELLER**	**SALLY RIDE**
BABE DIDRIKSON	**JANE ADDAMS**	**SARAH WINNEMUCCA**
DORTEHA LANGE	**JANE GOODALL**	**SUSAN B. ANTHONY**
ELEANOR ROOSEVELT	**MARIAN ANDERSON**	**YOSHIKO UCHIDA**
EUGENIE CLARK	**MARTHA GRAHAM**	**ZORA NEALE HURSTON**
FANNIE FARMER	**RACHEL CARSON**	

Famous Universities

```
C T O K Y O C A S A D K B L N H
O N F T M Y N A E T Y R L L E Z
L O Y U T N E Q L O A E O L C E
U T B B E O C G T I N N S F N Z
M E S I N J O O D R F I F R X O
B C V K P W P L O I N O U O Z O
I N S D A O E C B K R O R X R W
A I B H R C N F I I B B A N X D
B R I P I S H M O L O U M B I A
D P U T S O A J E H J E L A Y A
R Z T F C M G M R E T S A M C M
A G R E B L E D I E H S P M H Q
V N E X Q Y N S T O C K H O L M
R C C A L A S P P U Z D K T C Y
A Y H P J N W O R B Q L O S H Y
H W T T O R O N T O T L A H S G
```

BROWN	**HELSINKI**	**STANFORD**
CALIFORNIA	**KYOTO**	**STOCKHOLM**
CAMBRIDGE	**MCMASTER**	**TOKYO**
COLUMBIA	**MELBOURNE**	**TORONTO**
COPENHAGEN	**MOSCOW**	**UPPSALA**
CORNELL	**OXFORD**	**UTRECHT**
HARVARD	**PARIS**	**VIENNA**
HEIDELBERG	**PRINCETON**	**YALE**

Feelings

```
D E I R R O W D Q K C C H D K
D E T N I O P P A S I D E E O
Y T L I U G S T S G T S E T U
D T N I F E V I T I S N E S U
W C E E G M R Z P A A P X E R
N O Q R I H K A R N I S H R G
K M O E R T T R O N S U A E U
R F G L Y I A E U O U O U T Y
E O K A O B F P D Y H I S N B
X R Q X M D E I Z E T C T I A
C T N E D N E P E D N I E D S
I A I D E Y O Z G D E P D C H
T B K X F D E T A R T S U R F
E L I Q R X P B U M M U E N U
D E N R E C N O C D A S N I L
```

We have so many more ways to feel than just "happy" and "sad."
Find these many ways of feeling in the puzzle.

AMAZED	**ENTHUSIASTIC**	**PATIENT**
ANNOYED	**EXCITED**	**PROUD**
BASHFUL	**EXHAUSTED**	**RELAXED**
COMFORTABLE	**FRUSTRATED**	**SENSITIVE**
CONCERNED	**GUILTY**	**SUSPICIOUS**
DELIGHTED	**INDEPENDENT**	**TERRIFIED**
DISAPPOINTED	**INTERESTED**	**WORRIED**
EMBARRASSED		

Find the Adjectives

```
G  L  I  L  L  X  F  F  B  R  R  Y  A  H  H
P  E  U  V  G  R  L  E  I  A  E  E  T  U  S
O  U  U  F  O  H  A  I  I  F  E  H  G  B  E
P  V  R  Z  R  U  W  L  N  U  T  E  E  K  R
U  N  E  P  T  O  I  G  N  X  I  E  T  G  F
L  N  Y  I  L  M  L  H  P  E  R  F  E  C  T
A  Y  F  H  A  E  A  O  L  H  O  Q  H  N  F
R  U  N  F  T  P  T  S  C  S  V  T  O  G  L
L  T  K  N  P  L  U  F  N  I  A  P  N  L  A
F  Z  H  Y  U  O  A  I  K  L  F  I  E  V  T
H  D  L  I  I  F  L  E  S  O  J  L  S  U  W
L  Y  P  R  N  C  H  W  H  O  M  P  T  O  G
A  D  E  U  N  A  E  L  C  F  T  I  G  H  T
F  S  H  U  N  D  R  E  D  J  K  C  G  T  G
Y  R  Q  T  L  U  C  I  F  F  I  D  J  J  L
```

There are 24 adjectives in this list of 40 words below. Circle them first and then find them in the puzzle.

ATTENTION	FAVOR	GRADUALLY	PAINFUL	SHOULDER
BEAUTIFUL	FAVORITE	HABIT	PERFECT	THIN
BLIZZARD	FIFTEEN	HEALTHY	PERFORM	THINK
CLEAN	FLAT	HONEST	POPULAR	TIGHT
COLORFUL	FOOLISH	HUGE	PARACHUTE	UMBRELLA
CURIOSITY	FRESH	HUNDRED	PURPLE	UNHAPPY
DIFFICULT	FROZEN	LAUGHTER	REPRESENT	WAGON
FAMILIAR	FUNNY	LEAP	SERIOUS	ZOO

Find the Nouns

```
R  P  H  J  B  N  K  T  N  T  F  Y  T  P  Y
N  E  O  Y  A  E  E  A  E  W  R  R  E  I  A
C  Q  T  R  G  A  D  L  I  E  P  T  E  C  L
C  O  E  U  C  Y  E  E  W  A  A  N  R  T  P
O  C  L  H  P  V  N  O  E  N  Y  U  T  U  U
U  C  E  L  I  M  L  K  F  T  C  O  S  R  G
S  R  E  S  E  F  O  B  I  C  Y  C  L  E  H
R  F  I  A  W  G  Q  C  C  D  K  I  N  G  N
T  O  G  X  N  K  E  P  L  A  N  E  T  E  N
N  R  D  S  D  N  R  B  J  E  N  E  H  O  D
N  A  M  E  C  I  L  O  P  O  U  C  I  C  O
T  E  N  I  B  A  C  Y  V  K  T  L  D  R  T
E  R  O  T  S  Z  X  E  T  I  U  R  O  C  F
W  Z  D  G  I  G  L  P  K  I  D  A  G  F  A
G  R  H  N  O  M  Z  I  S  M  C  Y  Z  M  K
```

There are 24 nouns in this list of 40 words. Circle them first and then find them in the puzzle.

ALL	**COLLEGE**	**HOPEFULLY**	**OCEAN**	**STORE**
BECAME	**COMPUTER**	**HOTEL**	**PICTURE**	**STREET**
BED	**COUNTRY**	**KING**	**PLANET**	**TEACHER**
BICYCLE	**DESERVE**	**KITCHEN**	**PLAY**	**TELEVISION**
BLUE	**DOG**	**LEAD**	**POLICEMAN**	**THROW**
BUILT	**FLOWER**	**LION**	**PRETTY**	**TRIED**
CABINET	**FRIEND**	**LOUDER**	**PUT**	**TWELFTH**
CITY	**HAPPY**	**NOVEL**	**RUN**	**WHERE**

Find the Verbs

```
E G N C M A Y A W E R I P M K
W B A C C A N Y R H U N M X E
E M I C E N R E N T N T D K B
E X E R O L Q R C A N R N W W
D P P U C E E B Y E I O I R X
T S N L R S T B I R N D M I S
M C J A O F E I R B G U E T O
E R H V B D Q D V A W C R E D
V S L E A V E X W N T E G M E
D R A E P P A R I Q I E X N C
J I Z K F C C B O I Y E I F H
N I A L P M O C D L I B R L S
U N D E R S T A N D M F Z Q A
E N T E R E D A W O K O Z H N
H M X L K A C T C F P R J K E
```

There are 20 verbs in this list of 32 words. Circle them first and then find them in the puzzle.

ABOVE	**CELEBRATE**	**INSIDE**	**SOUTHERN**
ACCEPT	**COMBINE**	**INTRODUCE**	**SPEECH**
ANNOUNCE	**COMPLAIN**	**INVITE**	**SUITCASE**
APPEAR	**DESCRIBE**	**LEAVE**	**TONGUE**
AREA	**DESSERT**	**MARRY**	**UNDERSTAND**
BREATHE	**DOWN**	**REMIND**	**WRITE**
CAME	**ENTERED**	**RUNNING**	**YELLOW**
CARGO	**EXPLODE**	**SHARE**	**ZERO**

Fruits and Vegetables

```
B A N F Y L B A P C Q S C N K
C R I O N E P A A E E N R O I
E G O R L R L N N I A I A I W
L A O C I E T S R A L S N N I
E C P C C A M R R E N I B O S
R H O P L O E R M A Q A E M U
Y T X O L B L O E T P R R U G
L X U I W E N I J T K L R S A
E P M A O D A C O V A O I H R
E E R C A U L I F L O W E R A
K T S N A E B N E E R G S O P
S P I N E A P P L E R K L O S
K O H S P I N A C H O A A M A
S E P A R G P A P A Y A E L T
W I H S A U Q S T U R N I P E
```

APPLE	**CELERY**	**LEEKS**	**PEAS**
APRICOT	**CORN**	**LEMON**	**PINEAPPLE**
ASPARAGUS	**CRANBERRIES**	**LIME**	**RAISINS**
AVOCADO	**FIG**	**MUSHROOM**	**SPINACH**
BANANA	**GRAPES**	**ONION**	**SQUASH**
BROCCOLI	**GREEN BEANS**	**PAPAYA**	**STRAWBERRIES**
CANTALOUPE	**KALE**	**PARSLEY**	**TURNIP**
CAULIFLOWER	**KIWI**	**PEAR**	**WATERMELON**

Greek and Roman Mythology

```
A  R  W  T  G  D  N  B  P  P  L  Y  S
N  H  A  D  E  S  A  Z  E  T  R  J  A
A  M  V  Q  U  C  E  R  Y  U  N  T  T
I  N  H  J  C  U  S  V  C  L  R  D  U
D  D  O  U  S  E  W  R  Q  W  E  E  R
R  A  S  D  P  Y  E  H  D  G  S  U  N
S  L  T  H  I  M  N  A  C  L  U  V  R
F  U  O  H  D  E  A  P  O  L  L  O  E
M  N  N  I  E  Y  S  R  V  J  Y  S  T
E  D  P  A  B  N  B  O  S  U  J  P  E
N  U  B  G  R  H  A  Q  P  N  A  P  M
C  R  Y  W  H  U  Y  W  G  O  U  S  E
X  F  X  E  T  I  D  O  R  H  P  A  D
```

Circle the names of the characters found in the Ancient Greek and Roman myths.

Greek Names	Roman Names
APHRODITE	**BACCUS**
APOLLO (also Roman)	**CUPID**
ATHENA	**DIANA**
DEMETER	**JUNO**
HADES	**MARS**
PAN	**MERCURY**
PERSEPHONE	**SATURN**
POSEIDON	**VULCAN**
URANUS (also Roman)	
ZEUS	

Idioms

```
T K I D N I R G O T E X A E
E K N O C K O N W O O D S W
H G G O W I H T H W O R O C
C R E N C H O N E T O L O A
T G O C H K N O C H F E I N
A B E C A I T A D E T O P O
H R E L K F T A H L D O R F
E E L L A T E T G I L L T W
H A Y Y A D H V H N E G G O
T K H J A T N E A E I P E R
Y A N T I B L A B S H W O M
R L A W O R R E M O N A O S
U E O L E F M P O R A R Y L
B G N O S R A E L L A T G O
```

An idiom is a colorful expression whose meaning cannot be understood from the combined meaning of its individual words (for example, "to keep someone in stitches"). Find these idioms in the puzzle.

ALL EARS	**GO WITH THE FLOW**
ARM AND A LEG	**HIT THE HAY**
AXE TO GRIND	**KNOCK ON WOOD**
BEAT A DEAD HORSE	**ROCK THE BOAT**
BREAK A LEG	**SAVE FACE**
BURY THE HATCHET	**TO THE "T"**
CAN OF WORMS	**TOW THE LINE**

Individual Sports

```
G B P J S F T O S G R S F G O
N G O R G U F E O I S H I N D
I T N D G F R L N O L A S I N
T S W I Y N F F R N S R H X O
F J S L D B I C I U I K I O W
I U A J O R O V G N N S N B K
L D M V X T A A I N G Q G C E
T O J J O Y B O R D I O W B A
H A K M S V S Y B D A L U F T
G R U N N I N G F E I B W M E
I G N I K I B N I A T N U O M
E K S C H Y R E H C R A G C B
W G N I T U H C A R A P K I S
F I G U R E S K A T I N G S H
L O O P M Z A D E S K I I N G
```

Circle these sports that can be played alone or by two people playing against each other.

ARCHERY	**JUDO**	**SKATEBOARDING**
BODY BOARDING	**MOTOCROSS**	**SKIING**
BOWLING	**MOUNTAIN BIKING**	**SURFING**
BOXING	**PARACHUTING**	**TAE KWON DO**
FIGURE SKATING	**POOL**	**TENNIS**
FISHING	**RUNNING**	**WEIGHTLIFTING**
GOLF	**SCUBA DIVING**	

Instead of "Said"

```
D A N N O U N C E D E D E D
E R D E P S A G Y C O N O G
R R D E R A L C E D K L V E
E S C O L D E D L E U Q A L
P N D E T G D E L B M U R G
S A E E D R G D E L Y E R D
I P N S L O E I D D E S E E
H P I C S W E P G O P T P R
W E A R V L O D E L S I L E
C D L E X E D H F A E O I M
R P P A N D E N O I T N E M
I E X M C S I B J O K E D A
E D E E X C L A I M E D D T
D E E D E T R O T E R E T S
```

"Said" is an overused verb. Circle these more specific verbs that can take the place of "said."

ANNOUNCED	**GROWLED**	**RETORTED**
BOASTED	**GRUMBLED**	**SCOLDED**
CRIED	**HOWLED**	**SCREAMED**
DECLARED	**JOKED**	**SNAPPED**
EXCLAIMED	**MENTIONED**	**STAMMERED**
EXPLAINED	**QUESTIONED**	**WHISPERED**
GASPED	**REPEATED**	**YELLED**
GIGGLED	**REPLIED**	

Inventions Before
the 20th Century

```
P  G  E  R  E  T  I  R  W  E  P  Y  T  Z
M  A  D  D  I  N  G  M  A  C  H  I  N  E
P  S  R  T  U  F  W  E  R  A  O  S  H  O
R  O  T  A  V  E  L  E  S  M  T  U  P  S
E  L  R  S  C  A  M  E  L  E  O  B  A  Y
T  I  O  E  C  H  I  S  T  R  G  M  R  T
E  N  Z  Z  H  V  U  V  E  A  R  A  G  A
M  E  A  I  O  S  E  T  L  E  A  R  O  O
O  E  T  M  P  R  A  Z  E  D  P  I  N  B
M  N  P  E  N  P  A  W  P  C  H  N  O  M
R  G  L  O  K  L  E  Z  H  A  Y  E  H  A
E  I  K  O  M  I  C  R  O  S  C  O  P  E
H  N  I  L  O  C  K  L  N  R  I  N  S  T
T  E  L  E  S  C  O  P  E  N  P  D  O  S
```

Circle these early inventions in the puzzle above.

ADDING MACHINE (1642)	**PARACHUTE (1785)**	**SUBMARINE (1891)**
CAMERA (1888)	**PEN (1888)**	**TELEPHONE (1876)**
DISHWASHER (1886)	**PHONOGRAPH (1877)**	**TELESCOPE (1608)**
ELEVATOR (1852)	**PHOTOGRAPHY (1827)**	**THERMOMETER (1714)**
GASOLINE ENGINE (1885)	**RAZOR (1895)**	**TYPEWRITER (1867)**
LOCK (1851)	**RIFLE (1860)**	**ZIPPER (1893)**
MICROSCOPE (1590)	**STEAMBOAT (1807)**	
MOVIES (1893)		

Mathematical Terms A to Z

```
R O G C V O L U M E A J Y C
T A U R E H T D I W W W A O
A D E N I N F I N I T E R O
B S N N C D T T A G G N D R
L O E E I E V I T E O P H D
E L T I D L S C M I R O V I
Q U A D R I L A T E R A L N
L T M E Z X V C C I T J U A
A I I S D S N I Z O R E Z T
R O T A M U R O D G Q Q R E
E N S B F T N E S R E V N I
M R E R E T E M I R E P B J
U A U M A R H O M B U S E U
N U V L N W O N K N U F H P
```

AREA	**INFINITE**	**RHOMBUS**
BASE	**INVERSE**	**SOLUTION**
CENTIMETER	**LINEAR**	**TABLE**
COORDINATE	**METRIC**	**UNKNOWN**
DIVIDEND	**NUMERAL**	**VOLUME**
ESTIMATE	**OUNCE**	**WIDTH**
FUNCTION	**PERIMETER**	**YARD**
GRID	**QUADRILATERAL**	**ZERO**
HORIZONTAL		

Medical Words

```
O E E N E I G Y H N I A R B H
E P S S H T L A E H M Y Z P C
S P E R U T A R E P M E T I R
E L O R U R Y V M G U S M N A
C N L C A N G D L O N A I F E
I D I E S T S E O S I E C E S
T O O C C O I T R B Z S R C E
P O B U C D R N E Y A I O T R
E L F R D A E C G R T D B I O
S B H N M N V R I R I W E O T
I L A T I P S O H M O L S N C
T Y R E V O C E R A N O I P O
N A N E S T H E T I C T M Z D
A B A C T E R I A V I R U S E
O X Y G E N S T I T C H E S T
```

ANESTHETIC	**HOSPITAL**	**RECOVERY**
ANTISEPTIC	**HYGIENE**	**RED CELLS**
BACTERIA	**IMMUNIZATION**	**RESEARCH**
BLOOD	**INFECTION**	**STERILIZE**
BODY	**MICROBES**	**STITCHES**
BRAIN	**MICROSCOPE**	**SURGERY**
DISEASE	**NURSE**	**TEMPERATURE**
DOCTOR	**OPERATING ROOM**	**VACCINE**
HEALTH	**OXYGEN**	**VIRUS**

Musical Terms

```
P Y X V X U P R Y Y E G N E C
B A R I T O N E H N T U R L M
T R I O L B T H O R U U A B E
T E U D H B E T A A T S N M A
R O T C U D N O C R S A Q E S
F O N V K X O J E I M U R S U
A O J A E O R V C E A O O N R
R L C A R J O A Q R M E N E E
H S L T M P L Y T O B H I Y E
Y S Y E A H O E Z C D T M L C
T A R Q P V T S D N Z B A H G
H B D R M A E V U E E N O L C
M E D L E Y C O B A I I T B F
N I A R F E R A T F R Q W F N
F R X Q D R O H C S H A R P R
```

A CAPELLA	**DUET**	**MEDLEY**	**ROUND**
BARITONE	**ENCORE**	**MINOR**	**SHARP**
BASS	**ENSEMBLE**	**OCTAVE**	**SOPRANO**
BEAT	**FINALE**	**OVERTURE**	**TENOR**
CHOIR	**FLAT**	**QUARTET**	**TONE**
CHORD	**HARMONY**	**REFRAIN**	**TRIO**
CLASSICAL	**MAJOR**	**RHYTHM**	**TUNE**
CONDUCTOR	**MEASURE**		

Native-American Tribes

```
S  K  O  E  N  H  O  K  K  T  N  M  I  W
E  U  X  G  U  A  I  T  N  R  A  K  R  U
C  P  S  R  A  C  G  I  T  S  M  O  O  N
P  O  O  Q  K  B  K  E  S  A  E  O  Q  A
E  N  M  A  U  N  E  A  H  E  W  C  U  R
Q  I  P  A  O  E  C  N  N  O  Z  A  O  R
U  O  R  G  N  H  H  W  N  G  M  N  I  A
O  S  L  E  U  C  A  A  M  I  Z  N  S  G
T  A  N  S  Q  H  H  Y  N  A  W  E  X  A
G  X  E  A  S  V  J  E  K  N  D  P  O  N
E  T  C  H  E  R  O  K  E  E  O  W  F  S
T  W  A  S  A  K  C  I  H  C  L  C  D  E
E  R  A  W  A  L  E  D  I  P  O  H  K  T
C  A  T  A  W  B  A  D  H  F  N  A  E  T
```

ALGONKIN	**FOX**	**NARRAGANSETT**
CATAWBA	**HOPI**	**OTTAWA**
CHEROKEE	**HURON**	**PENNACOOK**
CHICKASAW	**IROQUIOS**	**PEQUOT**
COMANCHE	**KICKAPOO**	**SHAWNEE**
DELAWARE	**MASSACHUSETT**	**SUSQUEHANNOCK**
ERIE	**MOHEGAN**	**WINNEBAGO**

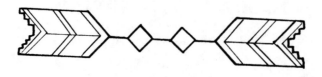

Occupations

```
B B H J U D G E S R U N C K A
P W I V C D R E S S M A K E R
R E B M U L P N A M L I A M E
E O X P S Y R A T E R C E S H
Y T R E T H G I F E R I F O C
W B I D O D T R L L O T S L A
A U X I D S I A M E L U E D E
L T H A I D Z N X C I A Q I T
U C N T A R T I S T A E Z E J
X H N R N F A R B R T B C R J
O E G I W T C E T I H C R A Z
D R Z C F L T T C C H L T Q Z
R E C I F F O E C I L O P A P
L H A A S Y R V F A R M E R K
X M O N H T S I T N E I C S Q
```

Find and circle these job titles in the puzzle.

ACTOR	**ELECTRICIAN**	**PLUMBER**
ARCHITECT	**FARMER**	**POLICE OFFICER**
ARTIST	**FIREFIGHTER**	**SCIENTIST**
BEAUTICIAN	**JUDGE**	**SECRETARY**
BUTCHER	**LAWYER**	**SOLDIER**
CUSTODIAN	**MAILMAN**	**TAILOR**
DENTIST	**NURSE**	**TEACHER**
DRESSMAKER	**PEDIATRICIAN**	**VETERINARIAN**

Oceans, Continents, and Seas

```
O C E N C O N T I N O N T S E A
A N T A R C T I C A N C E A E C
N S E E R E M A M I C R A E U I
T R I S T A S S A D R M T M R R
I C C A O M B L U N E Y L A O E
C B I N P A C I F I C A A E P M
M E D I T E R R A N E A N S E A
A R S H N M N M N N A R T K K H
E I A C K C A L P U S R I C A T
S N P H L A R C T I C E C A S R
D G O T B A C K I M R A A L E O
E S O U T H A M E R I C A B A N
R E T O O C I X E M F O F L U G
M A U S T R A L I A P A T O T O
```

OCEANS	CONTINENTS	SEAS
ARCTIC	AFRICA	ARABIAN SEA
ATLANTIC	ANTARCTICA	BERING SEA
INDIAN	ASIA	BLACK SEA
PACIFIC	AUSTRALIA	GULF OF MEXICO
	EUROPE	MEDITERRANEAN SEA
	NORTH AMERICA	RED SEA
	SOUTH AMERICA	SOUTH CHINA SEA

Oxymorons

```
I  N  S  T  A  N  T  C  L  A  S  S  I  C  O  M
P  N  S  E  L  B  M  U  J  U  M  B  S  H  R  O
O  T  E  E  W  S  R  E  T  T  I  B  H  A  S  R
N  N  E  X  P  E  T  E  N  O  L  A  L  L  A  G
L  A  G  J  P  L  S  W  A  T  E  A  R  I  F  A
Y  T  I  L  A  E  R  L  A  U  T  R  I  V  E  N
C  L  O  G  A  N  N  I  Z  N  E  D  A  N  T  I
H  T  E  B  E  F  A  S  E  I  A  L  L  A  Y  Z
O  E  R  S  W  E  E  L  I  N  G  A  L  F  H  E
I  J  X  E  P  N  I  S  I  V  E  R  L  R  A  D
C  Y  R  O  T  S  I  H  N  R  E  D  O  M  Z  M
E  X  R  E  T  A  W  D  R  A  H  C  N  E  A  E
S  L  U  M  B  E  R  P  A  R  T  Y  A  I  R  S
C  J  U  M  B  O  S  H  R  I  M  P  L  R  D  S
```

An oxymoron is a figure of speech that combines two terms that are usually opposites. Find the oxymorons in the puzzle.

ALL ALONE	**JET LAG**	**SAFE BET**
BITTERSWEET	**JUMBO SHRIMP**	**SAFETY HAZARD**
HARD WATER	**MODERN HISTORY**	**SILENT ALARM**
INEXPENSIVE CAR	**ONLY CHOICE**	**SLUMBER PARTY**
INSTANT CLASSIC	**ORGANIZED MESS**	**VIRTUAL REALITY**

Palindrome Phrases

```
E  W  E  S  T  E  P  O  N  N  O  P  E  T  S
T  T  E  L  M  D  A  T  N  O  W  I  W  O  N
W  W  E  S  L  A  O  U  N  U  N  O  S  O  N
S  E  W  P  E  C  H  N  O  N  U  O  W  B  E
N  T  S  I  S  W  M  A  D  A  T  A  D  A  M
U  O  D  R  T  T  T  N  S  I  M  N  O  D  O
R  O  A  I  A  E  E  U  U  A  D  A  D  I  T
S  F  M  S  C  C  N  T  N  O  H  N  D  H  A
E  A  A  I  L  V  E  N  U  O  O  A  O  I  S
S  T  T  R  A  C  E  C  N  A  T  O  M  D  P
R  A  A  S  A  N  T  A  A  T  N  A  S  A  R
U  F  A  M  A  D  N  U  T  R  O  O  T  B  A
N  O  M  I  S  S  I  T  I  S  S  I  M  O  N
S  O  S  S  I  R  I  M  I  R  I  S  O  O  N
O  T  D  E  L  I  A  S  A  I  L  E  D  T  A
```

A palindrome can be read the same forwards and backwards. Circle these palindromes in the puzzle.

A SANTA AT NASA	**NO SON**	**STEP ON NO PETS**
DELIA SAILED	**NOT A TON**	**TOO BAD I HID A BOOT**
DON DID NOD	**NOW I WON**	
MAD AT ADAM	**NURSES RUN**	**TOO FAT A FOOT**
MA HAS A HAM	**RACE CAR**	**TUNA NUT**
NO, MISS, IT IS SIMON	**SIR, I'M IRIS**	**WE SEW**

Popular Languages

```
I  E  L  E  C  G  N  N  C  W  S  L  S  I  W
D  P  S  S  N  H  K  S  J  P  S  H  K  H  G
N  J  N  E  H  A  I  L  A  G  N  E  B  T  I
I  E  C  M  U  R  I  N  B  Y  L  B  Z  A  V
H  V  A  A  Y  G  I  S  E  H  C  N  E  R  F
R  Q  X  N  U  S  U  L  S  S  P  E  N  A  N
I  D  T  T  H  G  S  T  E  U  E  N  N  M  H
A  Q  U  E  U  A  U  S  R  R  R  G  K  W  B
T  Z  L  I  Z  B  E  L  C  O  N  L  O  P  X
G  J  A  V  A  N  E  S  E  A  P  I  R  Q  S
B  E  X  U  A  L  B  Y  I  T  A  S  E  L  M
U  G  R  P  I  V  H  L  T  N  O  H  A  R  W
O  S  A  M  R  Y  A  F  U  R  D  U  N  C  S
M  J  A  U  A  T  B  T  U  R  K  I  S  H  X
C  T  W  H  I  N  C  U  C  B  V  A  O  K  T
```

These languages are spoken by the most people in the world. Circle them in the puzzle.

BENGALI   **JAPANESE**   **SPANISH**

CHINESE   **JAVANESE**   **TAMIL**

ENGLISH   **KOREAN**   **TELUGU**

FRENCH   **MARATHI**   **TURKISH**

GERMAN   **PORTUGUESE**   **URDU**

HINDI   **RUSSIAN**   **VIETNAMESE**

ITALIAN

Some Newbery Award Winners

```
S  J  T  S  U  D  E  H  T  F  O  T  U  O  A  W
H  W  A  L  K  T  W  O  M  O  O  N  S  I  Y  A
I  B  T  C  K  I  R  A  K  I  R  A  O  O  E  H
L  O  W  S  O  U  N  D  E  R  Z  L  U  A  A  S
O  Y  D  D  U  B  T  O  N  D  U  B  B  K  R  N
H  G  Q  K  C  H  H  M  F  F  S  B  K  E  D  E
M  A  N  I  A  C  M  A  G  E  E  M  D  G  O  H
N  N  Z  Y  C  A  R  E  V  I  G  E  H  T  W  R
E  M  A  G  G  N  I  T  S  E  W  E  H  T  N  M
S  E  L  O  H  S  J  F  S  R  I  K  O  O  Y  R
S  P  B  W  Y  F  F  M  X  J  B  L  G  U  O  A
T  H  E  W  H  I  P  P  I  N  G  B  O  Y  N  E
G  N  O  S  S  Y  E  C  I  D  X  W  X  V  D  D
J  U  L  I  E  O  F  T  H  E  W  O  L  V  E  S
S  R  A  T  S  E  H  T  R  E  B  M  U  N  R  D
D  Q  B  O  A  S  I  N  G  L  E  S  H  A  R  D
```

Each year the Newbery Committee chooses the best in Children's Literature. Find the titles of these winners in the puzzle.

SOUNDER (William H. Armstrong, 1970)

THE WESTING GAME (Ellen Raskin, 1979)

DICEY'S SONG (Cynthia Voight, 1983)

THE WHIPPING BOY (Sid Fleischman, 1987)

MANIAC MAGEE (Jerry Spinelli, 1991)

THE GIVER (Lois Lowry, 1994)

OUT OF THE DUST (Karen Hesse, 1998)

BUD, NOT BUDDY (Christopher P. Curtis, 2000)

A SINGLE SHARD (Linda Sue Park, 2002)

JULIE OF THE WOLVES (Jean George, 1973)

JACOB HAVE I LOVED (Katherine Paterson, 1981)

DEAR MR. HENSHAW (Beverly Cleary, 1984)

NUMBER THE STARS (Lois Lowry, 1990)

SHILOH (Phyllis Reynolds Naylor, 1992)

WALK TWO MOONS (Sharon Creech, 1995)

HOLES (Louis Sachar, 1999)

A YEAR DOWN YONDER (Richard Peck, 2001)

KIRA, KIRA (Cynthia Kadohata, 2005)

Team Sports

```
W  R  E  S  T  L  I  N  G  O  R  T  F
B  I  E  L  U  S  R  G  L  L  B  E  O
L  T  C  Y  L  U  O  O  C  A  U  A  O
L  E  S  E  G  A  P  C  S  S  L  M  T
A  N  M  B  H  R  B  E  C  L  W  H  B
B  N  Y  A  E  O  B  T  A  E  M  A  A
Y  I  F  T  U  C  B  E  C  R  N  L  L
E  S  A  T  L  C  T  K  E  K  D  D  L
L  W  L  L  T  F  F  E  E  C  S  B  Y
L  E  S  S  O  R  C  A  L  Y  U  A  N
O  G  D  S  C  R  I  C  K  E  T  L  B
V  O  L  O  P  I  O  H  Q  H  V  L  I
Y  E  K  C  O  H  R  E  L  L  O  R  J
```

BASEBALL

BASKETBALL

CRICKET

FOOTBALL

ICE HOCKEY

LACROSSE

POLO

ROLLER HOCKEY

RUGBY

SOCCER

SOFTBALL

TEAM HANDBALL

TENNIS

VOLLEYBALL

WATER POLO

WRESTLING

Theme Parks Around the World

```
G W U T G K L M R B Q Y J U P W
R S A I N A R R E T I D E M F K
U N I V E R S A L S T U D I O S
B E C O P B K F P D V D K L T G
S D T L N N Y P Y I K H M H A
I R E I N B N R M S E P H K J L
E A V G I J V R N O Y H K K E F
L G E A O C D E F C P G S I F X
S H R R P X Y B Z E O W E R T I
E C L D R L R S U A O O A C E S
I S A E A O A T O N N Q W W L H
Y U N N D P G T E P S B O K I B
L B D S E U R O P A P A R K N Y
O R W F C J K N C R M K L R G Z
Z Q E Y V G I K O K A X D Z U Z
N P R I P J P A T K C M W R K Q
```

Find the names of these theme parks in the puzzle. (The countries in parenthesis are for information only.)

BUSCH GARDENS (U.S.)

CAMP SNOOPY (U.S.)

CEDAR POINT (U.S.)

DISNEYLAND (U.S.)

EFTELING (The Netherlands)

EPCOT (U.S.)

EUROPA PARK (Germany)

EVERLAND (Korea)

HERSHEY PARK (U.S.)

KNOTT'S BERRY FARM (U.S.)

LEISBURG (Sweden)

MEDITERRANIA (Spain)

OCEAN PARK (China)

SEA WORLD (U.S.)

SIX FLAGS (U.S.)

TIVOLI GARDENS (Denmark)

UNIVERSAL STUDIOS (U.S.)

20th Century Inventions

```
C O M P V T R E T S A T O A S
Z A O N A U T O M O B I L E R
H E L I C O P T E R O R Z I P
S T E C U R E T U P M O C H E
T E L M U G E L B B U B O E N
R L N A M L L B A T O T O L I
O E A A C U A C S B O U N C L
T V T V L V U T C C O R A O O
S I S S E P A T O E D I V P S
N S N O A K R P P R R Y J I A
I I L L N O I I T B O K L E G
N O M A E E T M A T V T C R L
G N T I R I N G N R O D O M S
G N I N O I T I D N O C R I A
```

AIRBAG (1952)

AIR CONDITIONING (1911)

AIRPLANE (1903)

AUTOMOBILE (mass produced, 1908)

BUBBLE GUM (1928)

CALCULATOR (electronic, 1964)

COMPUTER (electronic, 1944)

GASOLINE (first sold at a station, 1907)

HELICOPTER (1939)

PHOTOCOPIER (1937)

TANK (1914)

TELEVISION (1923)

TOASTER (1918)

VACUUM CLEANER (1907)

VIDEOTAPE (1969)

Types of Movies

C O M E D Y F R L T Y H D
Q B C N A M O Y A H S O M
N T A M T M Z N C R A R Q
O O A R A X O P I I T R L
Y R I N E O G T R L N O E
D I T T T L T B O L A R U
O I G R A F I H T E F L Q
C H A L T T W G S R R J E
W C R Y W Q P B I D M O S
L A C I S U M A H O K X T
Y L I M A F F C D C U T W
A D V E N T U R E A L S M
Y R A T N E M U C O D Q H

ADAPTATION   **HISTORICAL**

ADVENTURE   **HORROR**

CARTOON   **MUSICAL**

COMEDY   **RELIGIOUS**

DOCUMENTARY **ROMANTIC**

DRAMA   **SEQUEL**

FAMILY   **THRILLER**

FANTASY

Types of Music

```
K N U P L G V R Y P L Z Y M F
N A C I R E M A N I T A L U B
R H Y T H M A N D B L U E S B
C F A C S Q H R W Y M G V I S
O I D F C U A L L A I Y E C S
P S N A R G X E L K L R Z A A
E K H O T O P D Z L I T D L R
R A C I R S B Z Y O T N Z C G
A O M O O T A E Y F A U T O E
I E U G R J C J A L R O H M U
D N A B G I B E E T Y C Q E L
M T D S P M H I L E U D V D B
K P O M X X X D B E Y X X Y L
U U L H P I C L A S S I C A L
L R A P D O R E G G A E W M A
```

AFROBEAT

BIG BAND

BLUEGRASS

CLASSICAL

COUNTRY

DIXIELAND

ELECTRONIC

FOLK

GOSPEL

JAZZ

LATIN AMERICAN

MILITARY

MUSICAL COMEDY

OPERA

PUNK

RAGTIME

RAP

REGGAE

RHYTHM AND BLUES

ROCK

SOUL

WALTZ

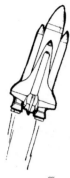

Types of Transportation

```
S  R  S  B  Z  T  R  U  C  K  H  O  W  K  W
S  B  E  P  O  Q  O  R  Q  Q  F  N  M  Z  H
T  O  C  E  A  N  L  I  N  E  R  T  M  I  Y
A  A  C  S  I  C  L  I  A  R  O  N  O  M  D
N  O  O  U  R  H  E  L  I  C  O  P  T  E  R
K  E  G  B  P  Q  R  S  W  E  S  V  O  Q  O
E  L  V  W  L  U  S  R  H  V  K  M  R  R  F
R  C  Q  A  A  I  K  Q  T  U  A  O  C  O  O
O  Y  N  Y  N  W  A  M  M  S  T  X  Y  T  I
K  C  A  R  E  V  T  S  Q  A  E  T  C  A  L
N  I  A  R  T  T  E  L  L  U  B  A  L  V  K
Y  B  G  E  P  G  S  A  R  I  O  V  E  E  I
R  W  V  F  R  I  C  K  S  H  A  W  U  L  Z
F  N  Y  G  L  S  U  B  M  A  R  I  N  E  R
C  B  M  R  E  A  S  K  H  H  D  B  F  Q  D
```

AIRPLANE

BICYCLE

BULLET TRAIN

CAR

ELEVATOR

ESCALATOR

FERRY

HELICOPTER

HYDROFOIL

MONORAIL

MOTORCYCLE

OCEAN LINER

RICKSHAW

ROLLER SKATES

SAILBOAT

SKATEBOARD

SPACE SHUTTLE

SUBMARINE

SUBWAY

SUV

TANKER

TRUCK

Types of Writing

```
C N Y T E Q Y C P B L R S T B
E R R C K N H O E I A E N N U
N M O K O B P M T B I T O E M
C A T S J V A P I L R T I M P
Y C S D S Z R U T I O E T E E
C O T B L W G T I O T L C S R
L M R D E F O E O G I R U I S
O I O I B D I R N R D O R T T
P C H A M D B P D A E W T R I
E S S R U P O R E P F L S E C
D T Z Y L E T O C H U B N V K
I R C A T P U G S Y A Z I D E
A I Y R F O A R G N O S Z A R
D P Y E R E P A P S W E N L U
N O V E L Z T M T P I R C S E
```

ADVERTISEMENT	**DIARY**	**NOVEL**
AUTOBIOGRAPHY	**EDITORIAL**	**PETITION**
BIBLIOGRAPHY	**ENCYCLOPEDIA**	**PLAY**
BUMPER STICKER	**INSTRUCTIONS**	**POETRY**
COMIC STRIP	**JOKE**	**SCRIPT**
COMPUTER PROGRAM	**LETTER**	**SHORT STORY**
CROSSWORD PUZZLE	**NEWSPAPER**	**SONG**

Unique First Names for Boys

```
G O A J R D L A B I H C R A M
A N S L R R P A G I R W O A S
L D A W P I A L O C I N R U B
B A Q G A H S M I R R C I C S
R R P Z F L O V T S O T O A D
E N N A N L D N E E A H I V H
C O I C V J O B S N I B E O C
H C T H S A A W G O O D C Q I
T A N A L S L I X T Q I U J R
N L E R T H U M P H R E Y J L
E B L I T R E B G E N N U V U
S A A A U G U S T T B L E H X
T N V S A C U L I Q I O L W S
O B O R I S Q N R U P E R T S
R L H G G L G H S D A M H A B
```

AHMAD	**EGBERT**	**QUENTIN**
ALBAN	**HUMPHREY**	**RICO**
ALBRECHT	**IGNATIUS**	**RUPERT**
ALPHONSO	**JULIUS**	**SEBASTIAN**
ARCHIBALD	**LUCAS**	**SVEN**
AUGUST	**MARCO**	**TOBIAS**
BASIL	**NESTOR**	**ULRICH**
BORIS	**NICOLAI**	**VALENTIN**
CONRAD	**OSWALD**	**WOLFGANG**
DIETMAR	**PAVAL**	**ZACHARIAS**

Unique First Names for Girls

```
R G T V G Q L B Q A A C J A A
A R D N A S S E L A N H T M L
C F E Y A W A E J B E A Q L L
N G T U I L A T E N L N A E U
E B N L G H L A I A A T N S J
A D M E C E T E R Z D A A W A
I A U I D R N T T V G L B F N
V N M R I N E I N S A G E A N
I W A X T P U K A A M S L R A
L A R I S S A M Q S O T V O N
O A U R O R A D A J T M S L I
I N G A R A M A T S A R I F K
N O R M A L E Z A H O S I P A
A N O U K S E N G A R R A D G
Q I A L O I V E P J E U N R I
```

AGNES	**CHANTAL**	**LARISSA**	**SELMA**
ALESSANDRA	**EUGENIA**	**MAGDALENA**	**STELLA**
ANABEL	**FLORA**	**MICHAELA**	**TAMARA**
ANIKA	**HAZEL**	**NAOMI**	**TRUDE**
ANOUK	**INA**	**NORMA**	**ULLA**
ASTRID	**INGA**	**OLIVIA**	**VIOLA**
AURORA	**JANNA**	**PETRA**	**WILMA**
BEATRIX	**JOSEFA**	**ROSAMUNDE**	**ZITA**

Unusual Musical Instruments

```
A B C T S O T M M L L O J K
Y G G H W E R T S C M Q W U
D L Q R A W P I F U T A B P
R O D E E N T I I C S S S G
U C U H O A D N P H O A B U
G K L T R O O B T G L N U J
Y E C I E H D U E T A A C H
D N I Z P R B I E L D B M H
R S M U V B Y R R U L E T U
U P E P A A Y L X E Q S O S
H I R S N R O H L E G U L F
G E S A K O O Z A B M D N P
L L N O S E F L U T E W I W
A Z N A G M S P O O N S J D
```

BAGPIPES

BAZOOKA

CONCH

DIDGERIDOO

DULCIMER

EUPHONIUM

FLUGEL HORN

GANZA

GLOCKENSPIEL

HANDBELLS

HURDYGURDY

JUG

LYRE

NOSE FLUTE

PSALTERY

SITAR

SPOONS

WASHTUB BASS

ZITHER

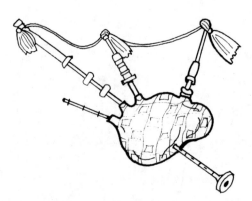

Unusual Occupations

```
D  C  C  P  T  R  M  H  U  B  P  N  R  E  F
E  R  O  A  E  S  O  O  A  D  I  S  E  T  I
R  E  Y  K  L  T  I  L  D  A  F  U  N  Y  B
T  E  N  W  E  L  L  N  W  E  B  R  U  M  W
Y  I  P  L  A  O  I  S  A  N  L  V  T  O  E
T  A  I  O  O  L  T  G  A  G  U  E  O  L  B
Q  E  T  N  O  A  L  W  R  J  R  Y  N  O  M
R  T  I  Z  O  C  N  E  T  A  G  O  A  G  A
B  S  A  B  J  G  T  B  R  C  P  R  I  I  S
T  K  C  A  J  R  E  B  M  U  L  H  P  S  T
A  S  T  R  O  N  A  U  T  S  N  K  E  T  E
V  E  N  T  R  I  L  O  Q  U  I  S  T  R  R
R  O  T  N  E  V  N  I  R  O  T  P  U  C  S
S  T  U  N  T  M  A  N  C  L  O  W  N  M  Q
U  S  G  J  S  C  U  L  P  T  O  R  V  B  P
```

ASTRONAUT	**ETYMOLOGIST**	**POET**
BALLOONIST	**HOTELIER**	**SCULPTOR**
BOATSWAIN	**INVENTOR**	**STUNTMAN**
CALLIGRAPHER	**LUMBERJACK**	**SURVEYOR**
CLOWN	**MODEL**	**TINKER**
COOPER	**ORGANIST**	**VENTRILOQUIST**
DRYWALLER	**PIANO TUNER**	**WEBMASTER**

Weather Words

```
P G O X M L K T G W C F R L C
D R K F D D Y E V Y A Z E I A
R A E K W P O M W H R Z T G Y
A M S C H H V P R T P T E H V
Z Z O O I E R E H P S O M T A
Z Y O I E P N R Y M L R O N F
I N G H S H I A C Q E N R I S
L C A O E T S T F J E A A N D
B I K I L Y U U A R T D B G U
L I T B G O F R I T O O V Q O
E L N I N O R E E S I S G P L
R E D N U H T E Q G L O T I C
H U M I D I T Y T W M E N W K
W I N D C H I L L E E E C E L
E N A C I R R U H N M F E L O
P Y T Y G O L O R O E T E M S
```

ATMOSPHERE

BAROMETER

BLIZZARD

CELSIUS

CLOUDS

EL NIÑO

FAHRENHEIT

FOG

FROST

HAIL

HUMIDITY

HURRICANE

LIGHTNING

METEOROLOGY

MOISTURE

PRECIPITATION

SLEET

TEMPERATURE

THUNDER

TORNADO

TYPHOON

WIND CHILL

What Do You Put on Your Pizza?

```
S   P   H   T   J   L   D   O   H   B   V   X   U
F   C   S   O   F   J   P   I   M   A   H   I   U
L   M   R   M   S   R   S   W   F   C   D   M   G
U   I   E   A   O   O   S   E   I   O   A   A   Q
O   U   P   T   M   O   E   L   V   N   P   L   S
R   N   P   O   S   B   R   I   C   I   O   A   Q
L   A   E   S   V   A   L   H   N   S   L   S   N
C   H   P   A   G   I   O   E   S   D   A   O   M
E   H   Q   U   H   V   A   Q   D   U   T   K   W
J   Q   E   C   Y   P   V   V   S   E   M   A   F
W   T   I   E   P   T   N   A   L   P   G   G   E
E   S   A   L   S   A   G   E   G   R   T   G   B
A   P   E   P   P   E   R   O   N   I   O   N   S
```

ANCHOVY	**HAM**	**PINEAPPLE**
BACON	**MUSHROOMS**	**SALAMI**
BEEF	**OLIVES**	**SALSA**
CHEESE	**ONIONS**	**SAUSAGE**
CHILI	**PEPPERONI**	**SCRAMBLED EGGS**
EGGPLANT	**PEPPERS**	**TOMATO SAUCE**
GARLIC		

Winter Sports

```
G  S  Y  H  T  P  I  C  Y  L  Q  D  X  O  D
V  N  F  K  N  Y  B  N  U  S  L  A  L  O  M
G  S  I  N  B  O  Z  H  O  R  B  G  W  R  G
N  N  G  I  P  O  T  C  B  L  L  N  X  P  N
I  O  U  Z  K  Y  B  E  B  V  H  I  D  F  K
P  W  R  U  H  S  E  S  L  I  B  T  N  E  X
M  B  E  D  Z  U  E  K  L  E  N  A  A  G  K
U  O  S  K  I  I  W  L  C  E  K  K  S  I  M
J  A  K  A  E  C  S  W  Y  O  D  S  A  W  B
I  R  A  O  J  K  S  U  V  T  H  D  Z  B  Z
K  D  T  R  I  M  R  K  Y  P  S  E  I  M  X
S  I  I  I  E  N  E  R  I  L  K  E  C  N  R
Q  N  N  G  B  W  A  O  U  I  T  P  E  I  G
O  G  G  W  R  B  S  C  Z  F  N  S  I  R  K
T  C  I  Q  R  S  R  K  H  L  U  G  E  N  F
```

BIATHLON

BOBSLEDDING

CURLING

DOWNHILL SKIING

FIGURE SKATING

FREESTYLE SKIING

ICE HOCKEY

LUGE

NORDIC SKIING

SKELETON

SKI JUMPING

SLALOM

SNOWBOARDING

SPEED SKATING

Words Used in Space Exploration

```
S O C M E R O T F A P S H N R
O P K O O L H R S H O T O M A
N Y A V S E U T B U O I L I E
I E E R R M R D N I T U L S G
C R G M A O O D O A T S O S G
B S A Y N B B N L M A E P I N
O L E A X A O U A S R C A O I
O C U Z R O C L A U E A W N D
M T A R G L G N A J T P N Y N
N O I T A T S E C A P S S U A
M E E C S P A C E C R A F T L
R S R E E N I G N E F A H O J
M O O N R O C K S T E N A L P
S J Y R R O C K E T M N P I T
K L X Z N A R T C E J E G P C
```

APOLLO	**MISSION**	**ROCKET**
ASTRONAUT	**MOON ROCKS**	**ROVER**
CALCULATION	**NASA**	**SONIC BOOM**
COSMONAUT	**ORBIT**	**SOUND BARRIER**
EJECT	**OXYGEN**	**SPACECRAFT**
ENGINEERS	**PARABOLA**	**SPACE STATION**
LANDING GEAR	**PILOT**	**SPACESUIT**
LUNAR MODULE	**PLANET**	**THERMAL**

World's Biggest Natural Lakes

```
A  A  L  T  H  N  W  M  E  H  E  Z  W  P  L
E  K  B  A  Y  S  I  N  R  U  V  J  L  T  V
S  S  I  A  D  C  A  A  Y  R  A  S  H  N  I
L  X  S  Y  H  O  P  H  E  O  L  J  D  N  C
A  A  N  I  N  R  G  S  K  N  S  H  C  T  T
R  E  G  O  I  A  M  A  U  L  T  A  A  A  O
A  A  G  E  N  O  G  G  N  P  A  L  K  K  R
N  G  G  E  P  I  N  N  I  W  E  B  M  A  I
A  E  S  N  A  I  P  S  A  C  R  R  E  O  A
M  A  R  A  C  A  I  B  O  T  G  B  I  B  D
B  A  Y  K  A  L  B  Q  Y  G  T  R  K  O  R
B  U  R  R  Y  T  H  Q  R  A  A  E  Q  F  R
B  Z  I  Q  T  L  V  W  E  T  A  B  I  V  O
D  G  Y  H  V  U  T  R  N  B  I  D  N  R  K
I  C  U  N  Q  O  G  O  O  T  M  R  J  G  E
```

Find these natural lakes in the puzzle below. (The continents where the lakes are found are for information only.)

ARAL SEA (Asia)

BALKHASH (Asia)

BAYKAL (Asia)

CASPIAN SEA (Asia/Europe)

GREAT BEAR (North America)

ERIE (North America)

EYRE (Australia)

GREAT SLAVE (North America)

HURON (North America)

LADOGA (Europe)

MARACAIBO (South America)

MICHIGAN (North America)

NYASA (Africa)

ONEGA (Europe)

ONTARIO (North America)

SUPERIOR (North America)

TANGANYIKA (Africa)

VICTORIA (North America)

WINNIPEG (North America)

World's Largest Cities

```
D L O S A N G E L E S P N A Y
K G K H C F E Y W E W V O K J
D N E Z Z A M T R M D V J A A
K I H L E D L I N Y K D K S V
P J V U H H A C T V X A A O F
A I N S V S L O U S R X Z U M
N E W Y O R K C I T Y P L C R
V B O N R Y N I A V T E S E B
F Z E B O C Q X H B S A D B I
E U P P H W A E G C O Z M M V
B Z K C X Y U M N P A M C D P
E R Z P K P R O A S E R B H V
T N W R U A Y U H X V S A A U
Z A D L J E L E S H K M B K Y
D G W I M O C E J Y L Z M A E
```

Find these cities in the puzzle. (The countries where these cities are located are for information only.)

BEIJING (China)

BOMBAY (India)

BUENOS AIRES (Argentina)

CALCUTTA (India)

DELHI (India)

DHAKA (Bangladesh)

JAKARTA (Indonesia)

KARACHI (Pakistan)

LOS ANGELES (U.S.A.)

MEXICO CITY (Mexico)

NEW YORK CITY (U.S.A.)

OSAKA (Japan)

SAO PAULO (Brazil)

SHANGHAI (China)

TOKYO (Japan)

World's Smallest Countries (Area)

```
L  S  O  M  L  A  Y  S  Y  V  K  X  K  C  D
P  I  K  C  T  Z  O  B  B  A  S  E  A  O  K
T  C  E  L  A  D  R  A  A  T  T  D  H  N  B
Q  N  A  C  A  N  R  V  N  I  T  Q  G  I  A
A  M  E  B  H  B  O  E  G  C  I  R  U  R  N
T  N  R  C  U  T  V  M  U  A  K  X  L  A  T
A  A  D  D  N  I  E  T  A  N  T  M  A  M  I
B  I  A  O  S  I  N  N  A  C  S  C  V  N  G
Z  N  A  U  R  U  V  D  S  I  P  E  U  A  U
G  Q  L  Z  W  R  I  T  C  T  P  A  T  S  A
S  T  B  W  J  N  A  N  S  Y  E  R  L  J  H
S  E  L  L  E  H  C  Y  E  S  Z  I  B  A  F
D  R  I  S  M  A  L  D  I  V  E  S  N  Y  U
M  A  R  S  H  A  L  L  I  S  L  A  N  D  S
V  Q  T  X  A  D  A  N  E  R  G  E  B  K  M
```

Find these tiny countries in the puzzle. (The location of these countries are for information only.)

ANDORRA (Europe)	**NAURU (Pacific Ocean)**
ANTIGUA (and) BARBUDA (Caribbean)	**PALAU (Europe)**
BARBADOS (Caribbean)	**ST. KITTS (and) NEVIS (Caribbean)**
GRENADA (Caribbean)	**ST. VINCENT (Caribbean)**
LIECHTENSTEIN (Europe)	**SAN MARINO (Europe)**
MALDIVES (Indian Ocean)	**SEYCHELLES (Indian Ocean)**
MALTA (Europe)	**TUVALU (Polynesia)**
MARSHALL ISLANDS (Pacific Ocean)	**VATICAN CITY (Europe)**
MONACO (Europe)	

Yum! Dessert

```
S I R E C V N C A E T A S P B V
E H I S H A C H B L A F T U R A
R B A S E J E O L T F S S M E N
A A L U E D P C E T F P I P A I
U N C O S M S O M I Y U W K D L
Q A E M E A I L H R E M T I P L
S N K Y C C R A C B I O N N U A
N A M R A A C T A T N N O C D I
O S U R K R E E E U W I M U D C
M P D E E O L P P N O E A S I E
E L P B R O P U K A R G N T N C
L I I W X N P D V E B D N A G R
R T E A F S A D L P Q U I R F E
C H E R R Y P I E V Z F C D W A
X U C T C A N N O L I X B O K M
L J J S G V K G S L E Z T E R P
```

APPLE CRISP	**CINNAMON TWISTS**	**PRETZELS**
BANANA SPLIT	**ÉCLAIR**	**PUMPKIN CUSTARD**
BREAD PUDDING	**FUDGE**	**SPUMONI**
BROWNIE	**LEMON SQUARES**	**STRAWBERRY MOUSSE**
CANNOLI	**MACAROONS**	
CHEESECAKE	**MUDPIE**	**TAFFY**
CHERRY PIE	**PEACH MELBA**	**VANILLA ICE CREAM**
CHOCOLATE PUDDING	**PEANUT BRITTLE**	

Answer Key

Page 4

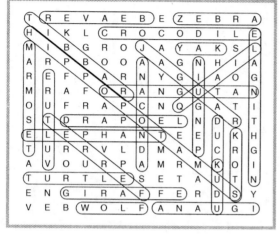

Page 5

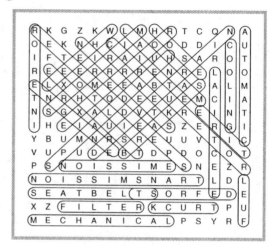

Page 6

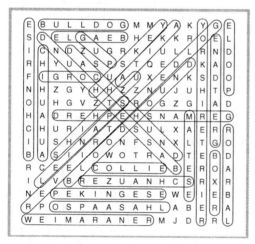

Page 7

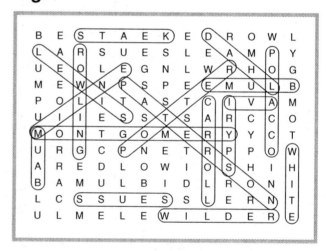

Page 8

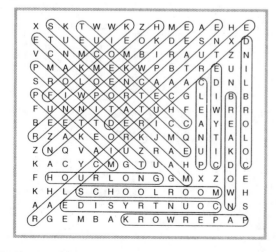

Page 9

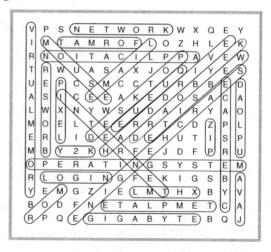

Answer Key *(cont.)*

Page 10

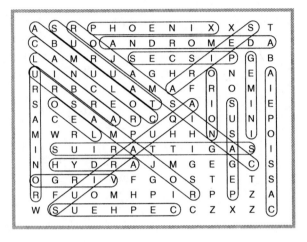

Page 11

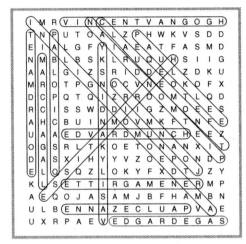

Page 12

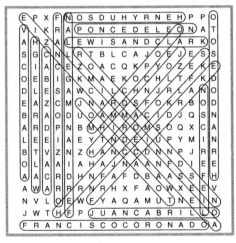

Page 13

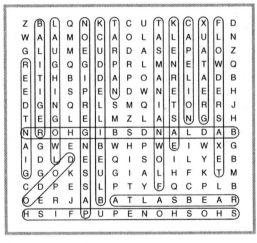

Page 14

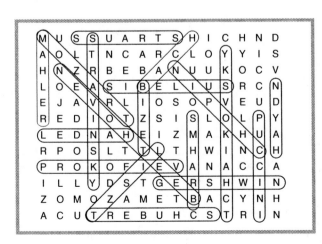

Page 15

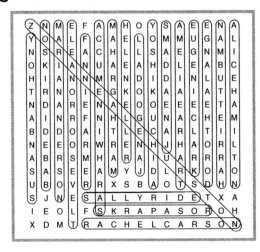

Answer Key *(cont.)*

Page 16

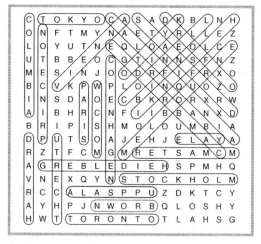

Page 17

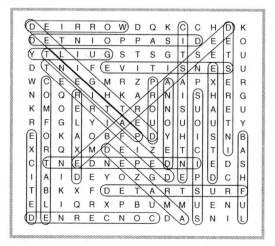

Page 18

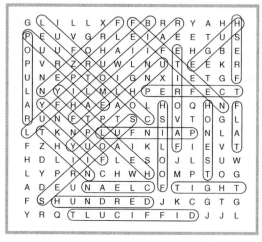

Page 19

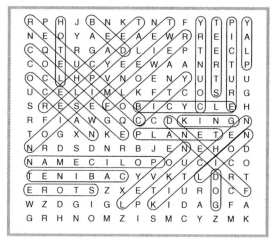

Page 20

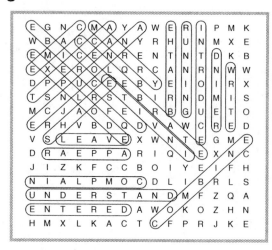

Page 21

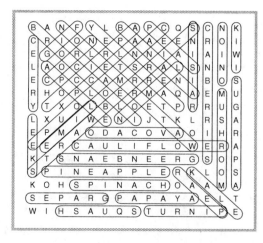

Answer Key *(cont.)*

Page 22

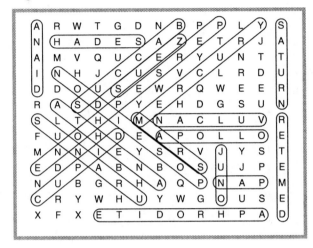

Page 23

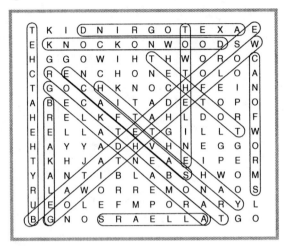

Page 24

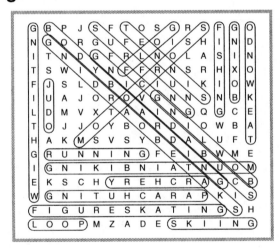

Page 25

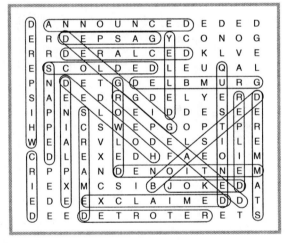

Page 26

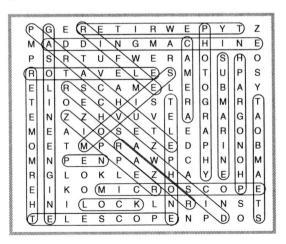

Page 27

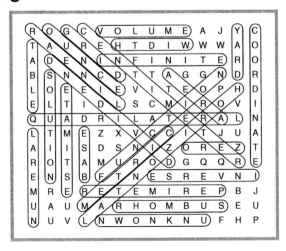

Answer Key (cont.)

Page 28

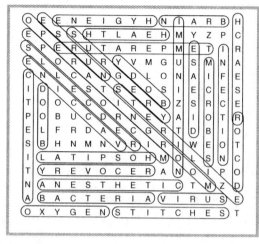

Page 29

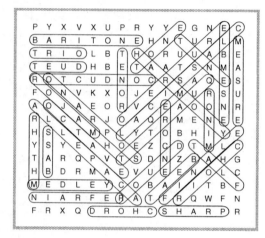

Page 30

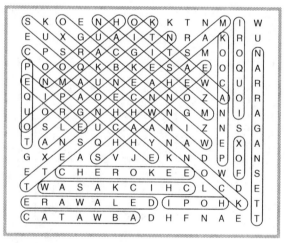

Page 31

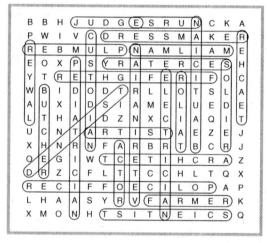

Page 32

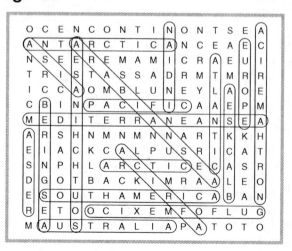

Page 33

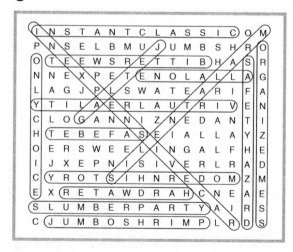

Answer Key *(cont.)*

Page 34

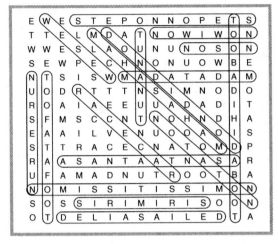

Page 35

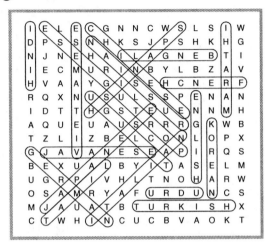

Page 36

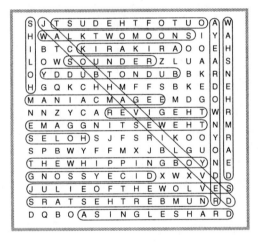

Page 37

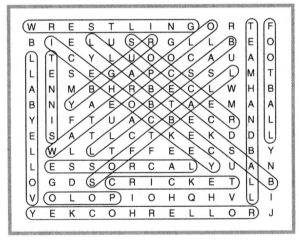

Page 38

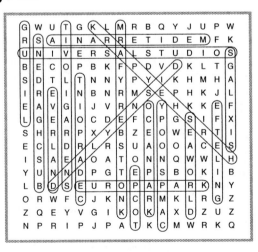

Page 39

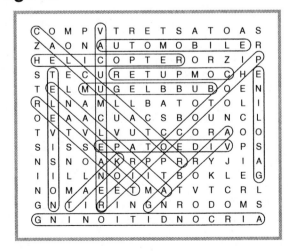

Answer Key *(cont.)*

Page 40

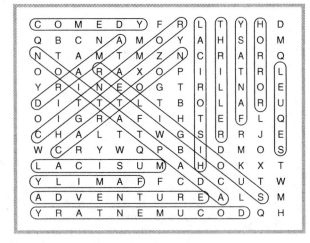

Page 41

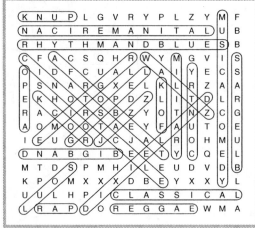

Page 42

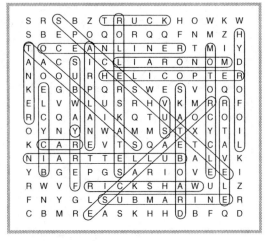

Page 43

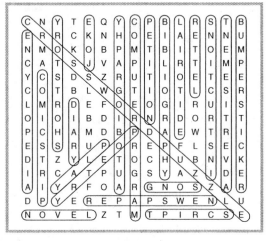

Page 44

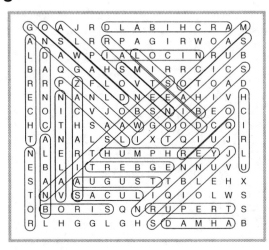

Page 45

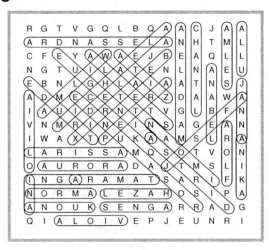

Answer Key (cont.)

Page 46

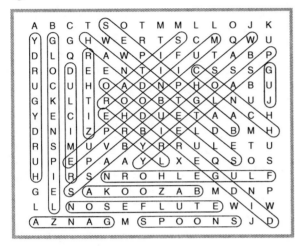

Page 47

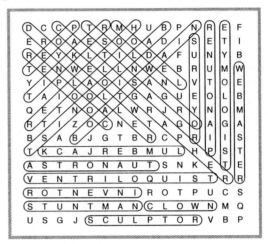

Page 48

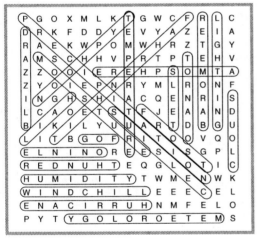

Page 49

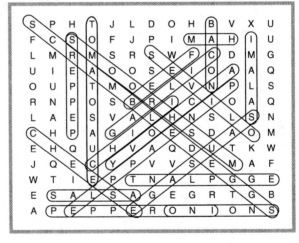

Page 50

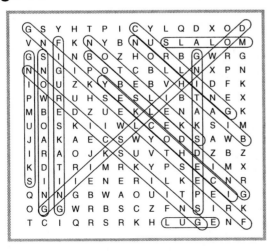

Page 51

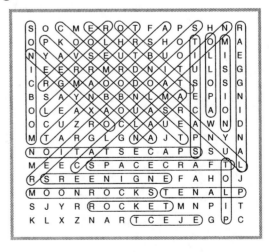

Answer Key *(cont.)*

Page 52

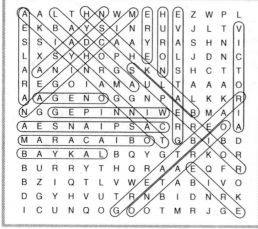

Page 53

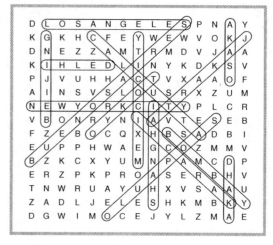

Page 54

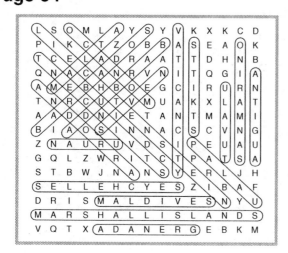

Page 55

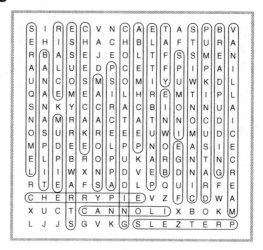